Desarrollo web ágil con Angular.js

por *Carlos Azaustre*

Aprende buenas prácticas y cómo automatizar tareas en tus desarrollos *Frontend*, empleando Angular.js como framework y Gulp como gestor de tareas.

Puedes seguirme en:

- twitter.com/carlosazaustre
- github.com/carlosazaustre
- google.com/+CarlosAzaustre
- facebook.com/carlosazaustre.web

Publicado en Agosto de 2014

Autor: Carlos Azaustre

Revisión: Paola García

Índice

Sobre el Autor

Carlos Azaustre (Madrid, 1984) Es Desarrollador Web, enfocado en la parte *Frontend* con varios años de experiencia tanto en empresa privada, *Startups* y como *Freelance*. Actualmente trabaja como CTO en la *Startup* Chefly

Ingeniero en Telemática por la Universidad Carlos III de Madrid y con estudios de Máster en Tecnologías Web por la Universidad de Castilla-La Mancha (España). Fuera de la educación formal, es un amante del autoaprendizaje a través de internet. Sigue sus artículos y tutoriales en su blog carlosazaustre.es

Otros libros publicados

Instant Zurb Foundation 4

- **ISBN**: 9781782164029 (Septiembre 2013)
- **Autores**: Jorge Arévalo y Carlos Azaustre
- Comprar en Amazon

I. Introducción

1.1 Estructura de una aplicación web moderna

Una aplicación web, actual, está compuesta habitualmente de tres partes principales:

- La parte pública o cliente - *Frontend*
- La parte del servidor - *Backend*
- El almacenamiento de datos - Base de Datos

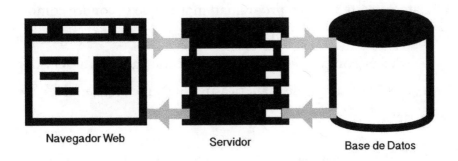

Navegador Web   Servidor   Base de Datos

La base de datos se encarga de almacenar toda la información de nuestra aplicación. Usuarios, datos relativos a nuestra aplicación, etc... Esta base de datos se comunica con el *Backend*, el cual se encarga de controlar la seguridad, el procesamiento de datos, la autorización, etc... Y por último el *Frontend* es la parte que se ejecuta en el navegador del usuario final, se encarga de mostrar la información de una manera atractiva y comunicarse con el *Backend* para la creación de datos y visualizarlos. Esta parte comunmente en una aplicación web moderna se realiza de manera asíncrona con JavaScript (AJAX) utilizando el formato de documentos JSON, para enviar y recibir datos desde el *Backend* por medio de una API REST.

En resumen, para crear una aplicación web completa necesitamos una base de datos para que la información quede almacenada de manera persistente, un *Backend* que se encargue de la seguridad, las autorizaciones y el procesamiento de datos mediante una API REST, y un *Frontend* que maquete estos datos y los presente y se comunique con la API mediante AJAX y JSON. En este ejemplo vamos a tratar la parte *Frontend*.

1.2 Tecnologías

A lo largo de este ejemplo programaremos lo que se conoce como *Simple Page Application*, una aplicación web de una sóla página que no se recargue con cada llamada y petición que hagamos al servidor, si no que se comunique de manera asíncrona gracias al lenguaje JavaScript.

JavaScript era el lenguaje que se utilizaba en la web para añadir efectos y animaciones a las páginas. Pero este lenguaje ha evolucionado mucho en nuestros días hasta llegar al punto de ser llevado al servidor con Node.js. Node.js es un entorno de programación dirigido por eventos, es decir es el usuario el que define el flujo del programa mediante la interfaz de usuario, en este caso la página web y sigue un modelo no bloqueante de entrada y salida, esto nos permite hacer una programación asíncrona, parecido al AJAX en JavaScript y tiene un muy buen rendimiento debido a que corre todas las conexiones entrantes sobre un mismo hilo y le deja la labor al Sistema Operativo de realizar todas las operaciones en la pila de ejecución. Por supuesto también han surgido frameworks para hacer más sencilla la programación en el lado del servidor. Existen varios, el más conocido y extendido es *Express*.

JavaScript ha evolucionado hasta tal punto que también podemos encontrarlo en bases de datos, como es el caso de MongoDB, una base de datos no relacional cuyos registros son almacenados como documentos de tipo BSON: Binary JSON que permite que la lectura y escritura de datos sea muy rápida y de manera átomica, siempre que organicemos nuestro modelo de datos siguiendo una estructura no relacional. Es una manera diferente de pensar al clásico SQL.

Y por supuesto JavaScript ha evolucionado en la parte *Frontend*, donde siempre ha habitado, pero ha mejorado su implementación gracias la aparición de frameworks MVC que nos permiten modularizar el código y evitar el famoso *Spaguetti Code* que se genera cuando no modularizamos. Dentro de esta familia de frameworks podemos encontrar Backbone.js, Ember.js y el que utilizaremos nosotros que es Angular.js, un proyecto surgido dentro de Google en 2009 y que hoy en día está alcanzando gran popularidad.

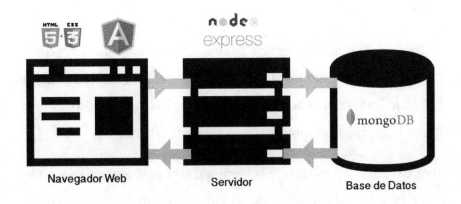

Navegador Web   Servidor   Base de Datos

Uniendo estas tecnologías en todas las partes que componen una aplicación web, se consigue emplear el mismo lenguaje de programación (JavaScript) en todo el stack tecnológico de principio a fin, es lo que se conoce como JavaScript *End-To-End* o también *Stack* MEAN por (M)ongoDN, (E)xpressJS, (A)ngularJS y (N)odeJS.

II. Configuración del entorno de trabajo

Nuestro entorno de trabajo tiene que tener las herramientas adecuadas que nos permitan ser ágiles y comprobar errores sin perder tiempo en tareas repetitivas.

Necesitamos un navegador web moderno, que soporte a los nuevos estándares y que contenga una consola y herramientas de desarrrollo. Hoy por hoy, uno de los que mejores resultados da es el navegador de Google, Chrome.

También necesitamos un editor de texto. Hay desarrolladores que prefieren un IDE como puede ser Eclipse, WebStorm, Netbeans, etc.. Yo personalmente me encuentro más cómodo con los editores minimalistas tipo Sublime Text o el reciente Atom.

Aunque seamos *Frontends*, y la terminal nos parezca que es algo del *Backend* o de administración de servidores, también tenemos que usarla. Necesitamos una sencilla de usar y que sea eficaz. Si dispones de un sistema MacOS X, te recomiendo iTerm2.

Nota Los siguientes pasos son para instalar los programas en un sistema MacOS X. Para otros sistemas operativos consulta la documentación disponible en sus páginas web respectivas.

2.1 Instalar Google Chrome

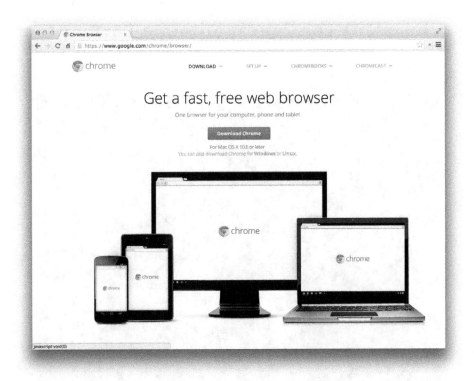

Diríjete a `http://google.com/chrome` . Descarga el fichero
`.dmg` y ábrelo una vez descargado. Arrastra el la aplicación de
Google Chrome a la carpeta de aplicaciones.

Para acceder a las herramientas de desarrollador. Diríjete al menu
`Vista` del Chrome,
`Desarrollo / Herramientas de desarrollo` . Ahi
tienes a tu disposición la consola de JavaScript, el acceso a los scripts,
herramientas de red, etc...

En la Chrome Store tenemos una extensión para Angular, llamada
Batarang. Puedes descargarla desde aquí. Esta extensión te permite
visualizar los `scope` y otras particularidades que son útiles a la
hora de depurar.

2.2. Instalar y configurar Sublime Text o Atom

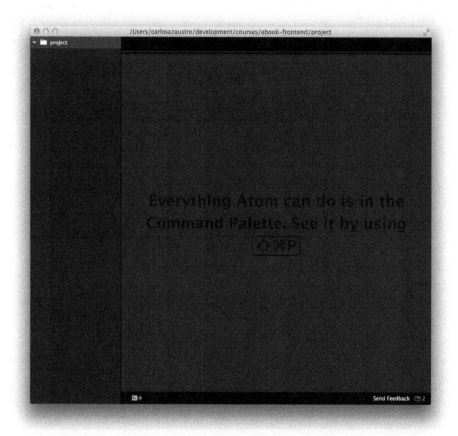

Puedes descargarte SublimeText desde su página web. Su uso es gratuito, pero adquirir su licencia (para evitar el popup que aparece de vez en cuando) cuesta alrededor de $70. Otro editor muy parecido es Atom creado por los desarrolladores de GitHub que es el que utilizo yo. Si quieres probar opciones aún más *hispters* tienes la beta del Chrome Dev Editor.

Atom posee una gran cantidad de plugins, desarrollados por el equipo de Atom y la comunidad. Puedes instalarlos desde el menu `Atom > Preferencias`.

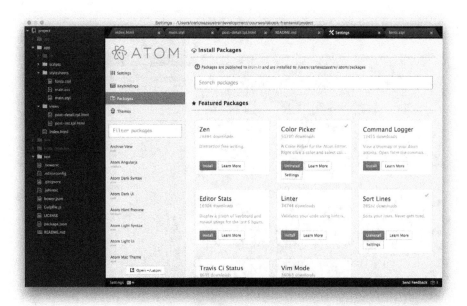

.

Entre los más curiosos y que no muy conocidos se encuentan el
plugin de terminal, para tener un terminal de comandos en una
pestaña del editor.

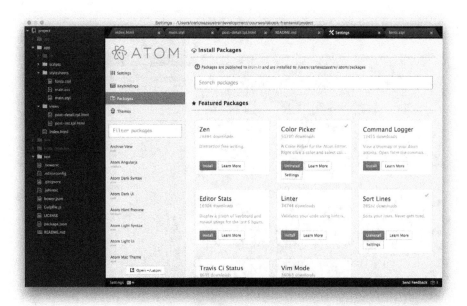

O un visor de ficheros *Markdown* para visualizar en tiempo real el resultado de lo que escribes:

2.3 Instalar y configurar iTerm

Descárgate iTerm2 para Mac. Una vez instalado, inicia la aplicación.

Para tener un `prompt` como el de la imagen, en el que puedes ver tu nombre de usuario, tu equipo, el directorio actual, e incluso la rama del repositorio en la que te encuentres, descarga los siguientes scripts que configurarán la terminal, escribiendo en ella lo siguiente:

```
$ cd ~
$ curl -O https://raw.githubusercontent.com/carlosazaustre/
mac-dev-setup/master/.bash_profile
$ curl -O https://raw.githubusercontent.com/carlosazaustre/
mac-dev-setup/master/.bash_prompt
$ curl -O https://raw.githubusercontent.com/carlosazaustre/
mac-dev-setup/master/.aliases
$ curl -O https://raw.githubusercontent.com/carlosazaustre/
mac-dev-setup/master/.gitconfig
```

Reinicia la aplicación y ya lo tendrás configurado.

2.4 Instalar Git

Git es muy importante para un desarrollador, es una forma de guardar las versiones y cambios que hagamos en nuestros proyectos, poder colaborar en otros proyectos de software libre con la comunidad y poco a poco labrarse un curriculum.

Para tener Git en tu sistema, lo puedes instalar con homebrew en Mac. Para instalar este gestor de paquetes en Mac, necesitas correr los siguientes scripts en tu terminal:

```
# Instala homebrew para Mac. Un gestor de paquetes
$ ruby -e "$(curl -fsSL https://raw.github.com/Homebrew/hom
ebrew/go/install)"
$ brew update
$ export PATH="/usr/local/bin:$PATH"
```

Despues ya podemos instalar Git con:

```
$ brew install git
```

Cuando lo hayas hecho, puedes comprobar la versión con:

```
$ git --version
git version 1.8.4
```

Procedemos a configurar git con nuestro usuario:

```
$ git config --global user.name "Carlos Azaustre"
$ git config --global user.email "cazaustre@gmail.com"
```

Cada vez que hagamos `push` a un repositorio remoto, nos pedirá el nombre y contraseña de nuestra cuenta que ahora crearemos.

2.4.1 Registro en GitHub

GitHub además de ser un sistema de control de versiones (o repositorio) en la nube, es también una red social de desarrolladores, donde se forman comunidades entorno a proyectos *Open Source*. Si eres desarrollador y no tienes una cuenta en GitHub, no existes. Crea hoy mismo tu cuenta en github y empieza a publicar tus proyectos libres. Su página web es github.com

2.4.2 Registro en GitLab

Si por el contrario, quieres usar la nube para tus repositorios privados, tienes la opción de GitLab con la que tienes repositiorios ilimitados y tambien la opción de instalarlo en un servidor propio y así tenerlo más controlado.

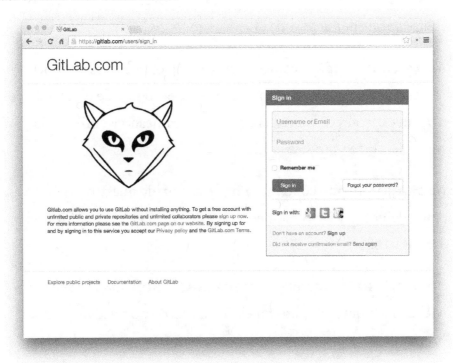

2.5 Estructura de directorios y ficheros

Para comenzar a desarrollar nuestro proyecto *Frontend*, vamos a estructurar los archivos de la siguiente manera:

```
project/
    ├── app/
    ├── dist/
    ├── package.json
    ├── bower.json
    ├── README.md
    ├── .gitignore
    ├── .editorconfig
    └── .jshintrc
```

Posteriormente iremos añadiendo más ficheros y subdirectorios, pero para comenzar este será nuestro esqueleto.

`project` es la carpeta raiz de nuestro proyecto web y tenemos 2 subdirectorios por debajo de él.

`app` contiene todo el código fuente completo de nuestra aplicación web, sin minificar ni optimizar, solamente el código de desarrollo. Y en `dist` tendremos todo el proyecto minificado y optimizado para ser desplegado en producción.

`package.json` contiene la información de nuestro proyecto así como el nombre y las versiones de las dependencias que utilizaremos para desarrollo.

`bower.json` es similar a `package.json` para manejar las dependencias que usaremos en el *Frontend*, como pueden ser las librerías de Angular, frameworks CSS, etc...

`README` es el fichero que usamos como documentación del proyecto y un poco la información acerca de la aplicación que estamos desarrollando.

`.gitignore` nos sirve para indicar a Git qué archivos no queremos que se suban al repositorio (por ejemplo, claves, ficheros de configuraciones, etc.)

`.editorconfig` nos permite configurar nuestro editor de texto para que todos los desarrolladores del mismo proyecto, que lo utilicen, tengan en el código el mismo espaciado, tabulación, etc...

`.jshintrc` es un fichero JSON que nos permite comprobar errores tanto de código como de sintaxis, uso de variables, o estilo en nuestro código JavaScript según guardamos los archivos. Combinado con un gestor de tareas, como Gulp, que usaremos más adelante, nos permite un desarrollo ágil de nuestros proyectos.

.editorconfig

Este es el contenido que utilizaremos, cada uno puede adaptarlo a sus preferencias:

```
root = true

[*]
indent_style = space
indent_size = 2
end_of_line = lf
charset = utf-8
trim_trailing_whitespace = true
insert_final_newline = true

[*.md]
trim_trailing_whitespace = false
indent_style = tab
```

En este archivo estamos indicando que queremos que el identado sea con espacios en lugar de con tabulaciones, que el tamaño sean 2 espacios. El final de línea lo marque como `LF`. La codificación de caracteres a usar sea `UTF-8`. Y para archivos `.md` como es el caso del `README.md` la identación sea con tabulaciones.

Puedes consultar el resto de propiedades a configurar en la documentación de su página web: http://editorconfig.org/ y también descargar el plugin para tu editor de texto favorito.

.jshintrc

Este es el contenido de nuestro fichero JSHint. Puedes ver que propiedades añadir en la página web de su documentación: http://www.jshint.com/docs/options/:

```
{
    "node": true,
    "browser": true,
    "esnext": true,
    "bitwise": true,
    "camelcase": true,
    "curly": true,
    "eqeqeq": true,
    "immed": true,
    "indent": 4,
    "latedef": true,
    "newcap": true,
    "noarg": true,
    "quotmark": "single",
    "undef": true,
    "unused": true,
    "strict": true,
    "trailing": true,
    "smarttabs": true,
    "jquery": true,
    "globals": {
        "angular": false
    }
}
```

package.json

Es un archivo JSON a modo de manifiesto donde incluimos toda la
información relativa a nuestro proyecto. Se pueden añadir
numerosos campos. Puedes ver que campos añadir en la
documentación de la siguiente página web:
https://www.npmjs.org/doc/files/package.json.html. Para el ejemplo
de este libro, este es el contenido que tendremos:

```json
{
  "name": "ebook-frontend-project",
  "version": "0.0.1",
  "description": "Ejemplo de desarrollo de aplicación web c
on JavaScript",
  "bugs": {
    "url": "https://github.com/carlosazaustre/ebook-fronten
d-project/issues",
    "email": "cazaustre@gmail.com"
  },
  "license": "MIT",
  "author": {
    "name": "Carlos Azaustre",
    "email": "cazaustre@gmail.com",
    "url": "http://carlosazaustre.es"
  },
  "repository": {
    "type": "git",
    "url": "https://github.com/carlosazaustre/ebook-fronten
d-project"
  },
  "dependencies": {},
  "devDependencies": {}
}
```

El objeto `devDependencies` lo iremos rellenando cada vez que
instalemos un nuevo paquete vía `npm`.

bower.json

Como dijimos anteriormente, es similar al `package.json` pero

para las dependencias que emplearemos para el *Frontend*. El
contenido de este fichero será el siguiente:

```
{
  "name": "ebook-frontend-project",
  "version": "0.0.1",
  "description": "Ejemplo de desarrollo de aplicación web c
on JavaScript",
  "dependencies": {}
}
```

El objeto `dependencies` lo iremos rellenando cada vez que
instalemos una nueva dependencia vía `bower`

2.6 Automatizando nuestro flujo de trabajo

Antes de nada, debemos instalar Node.js. Aunque esto sea un
proyecto de Frontend y la parte *Backend* no la vamos a desarrollar
(usaremos un *BackFake*), necesitamos Node.js para poder instalar
Bower, Gulp y ejecutar las tareas que especifiquemos en el
`Gulpfile.js`.

Para instalar Node puedes dirigirte a su página web
[http://nodejs.org/downloads] o si tienes Mac, desde la terminal
puedes hacerlo con `homebrew`:

```
# Instala Node.js con homebrew
$ brew install node
$ node -v
v0.10.26
$ npm -v
1.4.3
```

Con Node.js instalado, procedemos a instalar las siguientes
dependencias, de modo global (usando el flag `-g`) que utilizaremos

a lo largo de nuestro proyecto. Al ser instaladas globalmente, podremos ejecutar los comandos desde cualquier directorio y en cualquier otro proyecto:

```
$ npm install -g gulp
$ npm install -g bower
```

Gulp es un lanzador de tareas que corre bajo Node.js, nos permite automatizar tareas que hagamos a menudo. Hasta ahora el gestor más conocido era *Grunt* pero la simplicidad y rapidez que ofrece *Gulp* hace que se esté extendiendo en muchos proyectos. *Gulp* posee una gran comunidad y existen plugins para cualquier cosa que se nos ocurra. Procedemos pues a instalar las dependencias y plugins que vamos a emplear localmente en nuestro proyecto. En este caso sí debemos situarnos en el directorio raiz de nuestra aplicación y escribir lo siguiente:

```
$ npm install --save-dev gulp
$ npm install --save-dev gulp-connect
$ npm install --save-dev connect-history-api-fallback
$ npm install --save-dev gulp-jshint
$ npm install --save-dev gulp-useref
$ npm install --save-dev gulp-if
$ npm install --save-dev gulp-uglify
$ npm install --save-dev gulp-minify-css
$ npm install --save-dev gulp-stylus
$ npm install --save-dev nib
```

Estas dependencias nos servirán para automatizar la correción de código de JavaScript, el minificado del css, la creación de un servidor web de desarrollo para poder ver los cambios que hagamos en el código en tiempo real en el navegador, etc... Iremos viendo en detalle cada paquete a medida que avancemos.

Si nos fijamos, nuestro `package.json` ha cambiado, y el objeto `devDependencies` tiene ahora esta pinta:

```
"devDependencies": {
    "gulp": "^3.8.6",
    "gulp-connect": "^2.0.6",
    "connect-history-api-fallback": "0.0.4",
    "gulp-jshint": "^1.8.0",
    "gulp-useref": "^0.6.0",
    "gulp-if": "^1.2.4",
    "gulp-uglify": "^0.3.1",
    "gulp-minify-css": "^0.3.7",
    "gulp-stylus": "^1.3.0",
    "nib": "^1.0.3"
  }
```

Se han añadido las dependencias junto con su número de versión en el archivo de manera automática, gracias al flag `--save` y con `-dev` en el objecto en cuestión.

Vamos a crear un fichero `Gulpfile.js` en el directorio raíz de nuestro proyecto, en el que vamos a detallar unas cuantas tareas para comenzar que nos agilizarán la vida:

Gulpfile.js

```
var gulp    = require('gulp'),
    connect = require('gulp-connect'),
    historyApiFallback = require('connect-history-api-fallb
ack');

// Servidor web de desarrollo
gulp.task('server', function() {
  connect.server({
    root: './app',
    hostname: '0.0.0.0',
    port: 8080,
    livereload: true,
    middleware: function(connect, opt) {
      return [ historyApiFallback ];
    }
  });
});
```

Esta tarea toma el contenido del directorio `app` y lo muestra como si fuera un servidor web, en la dirección `http://localhost:8080` , `http://127.0.0.1:8080` o `http://0.0.0.0:8080` . Al indicar el hostname `0.0.0.0` conseguimos que el `livereload` , que es lo que permite ver los cambios que hacemos en tiempo real, sea visible desde cualquier dispositivo conectado a la misma red.

Imaginemos que en nuestra red local, nuestro equipo tiene la IP privada `192.168.1.20` . Si desde un móvil, un tablet u otro ordenador, accedemos a la dirección `http://192.168.1.20:8080` veremos nuestra aplicación web y los cambios que hagamos se reflejarán de manera automática.

Para ello debemos seguir configurando el fichero `Gulpfile.js` , vamos a añadir que los cambios que hagamos en un fichero `.styl` de Stylus, se vean reflejados como CSS en el navegador. Stylus es un preprocesador de CSS, permite escribir el diseño en un lenguaje y despues transformarlo a CSS, En el capitulo 4 entramos más en detalle en este tema. De momento, para ver un ejemplo rápido, añadimos las siguientes tareas:

```javascript
var stylus = require('gulp-stylus'),
    nib    = require('nib');

// Preprocesa archivos Stylus a CSS y recarga los cambios
gulp.task('css', function() {
  gulp.src('./app/stylesheets/main.styl')
    .pipe(stylus({ use: nib() }))
    .pipe(gulp.dest('./app/stylesheets'))
    .pipe(connect.reload());
});

// Recarga el navegador cuando hay cambios en el HTML
gulp.task('html', function() {
  gulp.src('./app/**/*.html')
    .pipe(connect.reload());
});

// Vigila cambios que se produzcan en el código
// y lanza las tareas relacionadas
gulp.task('watch', function() {
  gulp.watch(['./app/**/*.html'], ['html']);
  gulp.watch(['./app/stylesheets/**/*.styl'], ['css']);
});

gulp.task('default', ['server', 'watch']);
```

La tarea `css` toma el archivo `app/sytlesheets/main.styl` y preprocesa su contenido a css en el fichero `app/stylesheets/main.css`, usando la librería `nib` que añade de forma automática las propiedades css para Firefox, Internet Explorer y Webkit que se nos olviden.

La tarea `html` simplemente reinicia el navegador a través de `connect.reload()` cada vez que haya un cambio en un archivo HTML.

La tarea `watch` vigila los cambios que se produzcan en ficheros HTML y Stylus y lanza las tareas `html` y `css` respectivamente.

Por último, definimos una tarea por defecto `default` que lance las tareas `server` y `watch` . Para ejecutar la tarea que engloba a todas, escribimos en el terminal

```
$ gulp
```

Se lanzarán todas las tareas y podremos hacer cambios en nuestro código que se reflejarán en el navegador sin necesidad de recargar manualmente.

Veamos un rápido ejemplo para poner todo esto en marcha y ver como funciona Gulp y sus tareas automatizadas. Creamos un fichero de prueba `index.html` dentro de la carpeta `app` . con el siguiente contenido:

```
<!doctype html>
<html lang="en">
<head>
  <meta charset="UTF-8">
  <link rel="stylesheet" href="/stylesheets/main.css">
  <title>Ejemplo</title>
</head>
<body>
  Hola Mundo!
</body>
</html>
```

Como se puede ver, enlazamos a un fichero de estilos `main.css` en la carpeta `app/stylesheets` Este fichero será generado por Gulp a partir de los ficheros `.styl` en los que codificamos nuestro diseño.

Por tanto creamos un fichero 'main.styl' en 'app/stylesheets' con el siguiente contenido:

```
body
  background white;
  color black;
```

Salvamos y ejecutamos Gulp. Si nos dirigimos a una ventana del navegador en `http://localhost:8080` podremos ver lo siguiente:

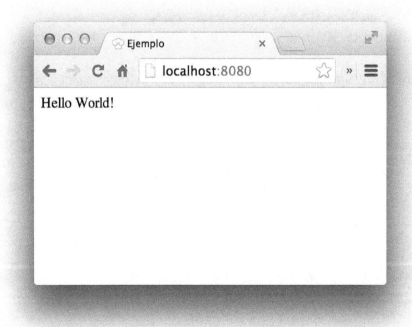

Sin parar el proceso de Gulp y sin cerrar el navegador, vamos de nuevo a nuestro fichero `main.styl` y cambiamos lo siguiente:

```
body
  background blue;
  color white;
```

Salvamos y automáticamente nuestro navegador cambiará a esto:

De esta manera ya tenemos configurado Gulp para recargar el navegador automáticamente según los cambios que hagamos en el HTML y en el CSS, quedándonos así un flujo de trabajo mucho más ágil que nos permite ahorrar mucho tiempo de desarrollo.

Por último vamos a añadir una última tarea (por ahora), cuya función sea revisar el código JavaScript que escribimos, en busca de errores, concordancias de estilo, etc. Esto lo conseguimos con el plugin `gulp-jshint` en concordancia con el fichero `.jshintrc` que habíamos escrito anteriormente. Aunque antes añadimos esta nueva dependencia, que nos permitirá una mejor lectura de los errores por la terminal:

```
$ npm install --save-dev jshint-stylish
```

Añadimos pues la siguiente tarea a nuestro fichero
`Gulpfile.js` :

```js var jshint = require('gulp-jshint'), stylish = require('jshint-stylish');

// Busca errores en el JS y nos los muestra por pantalla gulp.task('jshint', function() { return gulp.src('./app/scripts/*/.js') .pipe(jshint('.jshintrc')) .pipe(jshint.reporter('jshint-stylish')) .pipe(jshint.reporter('fail')); });
```

Tambien añadimos una nueva sub-tarea a la tarea `watch` para que
vigile los cambios que hagamos en el código JavaScript y así lance la
tarea que acabamos de crear:

```
// Vigila cambios que se produzcan en el código
// y lanza las tareas relacionadas
gulp.task('watch', function() {
  gulp.watch(['./app/**/*.html'], ['html']);
  gulp.watch(['./app/stylesheets/**/*.styl'], ['css']);
  gulp.watch(['./app/scripts/**/*.js'], ['jshint']);
});
```

Nuestro fichero `Gulpfile.js` completo, por el momento,
quedaría de esta manera:

```
// File: Gulpfile.js
'use strict';

var gulp    = require('gulp'),
    connect = require('gulp-connect'),
    stylus  = require('gulp-stylus'),
    nib     = require('nib'),
    jshint  = require('gulp-jshint'),
```

```javascript
    stylish = require('jshint-stylish'),
    historyApiFallback = require('connect-history-api-fallb
ack');

// Servidor web de desarrollo
gulp.task('server', function() {
  connect.server({
    root: './app',
    hostname: '0.0.0.0',
    port: 8080,
    livereload: true,
    middleware: function(connect, opt) {
      return [ historyApiFallback ];
    }
  });
});

// Busca errores en el JS y nos los muestra por pantalla
gulp.task('jshint', function() {
  return gulp.src('./app/scripts/**/*.js')
    .pipe(jshint('.jshintrc'))
    .pipe(jshint.reporter('jshint-stylish'))
    .pipe(jshint.reporter('fail'));
});

// Preprocesa archivos Stylus a CSS y recarga los cambios
gulp.task('css', function() {
  gulp.src('./app/stylesheets/main.styl')
    .pipe(stylus({ use: nib() }))
    .pipe(gulp.dest('./app/stylesheets'))
    .pipe(connect.reload());
});

// Recarga el navegador cuando hay cambios en el HTML
gulp.task('html', function() {
  gulp.src('./app/**/*.html')
    .pipe(connect.reload());
});

// Vigila cambios que se produzcan en el código
// y lanza las tareas relacionadas
gulp.task('watch', function() {
  gulp.watch(['./app/**/*.html'], ['html']);
```

```
  gulp.watch(['./app/stylesheets/**/*.styl'], ['css']);
  gulp.watch(['./app/scripts/**/*.js', './Gulpfile.js'], ['
jshint']);
});

gulp.task('default', ['server', 'watch']);
```

Para probar como funciona JSHint, vamos a escribir un pequeño archivo de ejemplo en JavaScript con errores, para que lance la tarea. Añadimos el fichero `main.js` en el directorio `app/scripts`

```
(function() {
  console.log('hola mundo!');
})();
```

Si ejecutamos Gulp, veremos lo siguiente en el terminal:

```
$ gulp
[12:32:29] Using gulpfile ~/development/courses/ebook-front
end/project/Gulpfile.js
[12:32:29] Starting 'server'...
[12:32:29] Server started http://localhost:8080
[12:32:29] LiveReload started on port 35729
[12:32:29] Finished 'server' after 25 ms
[12:32:29] Starting 'watch'...
[12:32:29] Finished 'watch' after 13 ms
[12:32:29] Starting 'default'...
[12:32:29] Finished 'default' after 5.52 µs
[12:32:38] Starting 'jshint'...

/Users/carlosazaustre/development/courses/ebook-frontend/pr
oject/app/scripts/main.js
  line 2  col 3  Missing "use strict" statement.

✖ 1 problem

[12:32:38] 'jshint' errored after 69 ms JSHint failed for:
/Users/carlosazaustre/development/courses/ebook-frontend/pr
oject/app/scripts/main.js
```

Nos encontramos con un error, y es que nos falta añadir la linea `use strict;` al principio del fichero. Esto es debido a que en nuestro fichero `.jshintrc` le hemos indicado que verifique que en todos nuestros ficheros `/js` exista ese elemento o el *parser* nos mostrará error. Así, en nuestro equipo, todos los desarrolladores seguirán las mismas reglas de estilo.

Añadimos esa línea al archivo `main.js` :

```
// File: app/scripts/main.js
'use strict';

(function() {
  console.log('hola mundo!');
})();
```

Seguidamente después de salvar el archivo, vemos en la terminal que la tarea se ha ejecutado automáticamente y ya no muestra errores:

```
[12:37:08] Starting 'jshint'...
[12:37:08] Finished 'jshint' after 26 ms
```

Listo, ya tenemos automatizado nuestro flujo de trabajo cada vez que hagamos un cambio. En el siguiente capitulo pasaremos a ver como estructurar los archivos JavaScript y el uso de Bower para empezar a añadir funcionalidad a nuestra aplicación.

III. Anatomía de una aplicación Angular JS.

En este capítulo vamos a implementar nuestra aplicación web de ejemplo con Angular.js. Para ello vamos a necesitar plantillas y librerias que nos permitan hacer nuestro trabajo. Comencemos.

3.1 HTML5Boilerplate

Vamos a usar la plantilla HTML5Boilerplate con todos los elementos necesarios para empezar a desarrollar. La puedes descargar desde la página web del proyecto o en su repositorio oficial, o simplemente copiar el siguiente archivo en tu `app/index.html` ya que le hemos hecho algunos cambios de acuerdo a nuestro proyecto:

```
<!doctype html>
<html lang="es-ES">
  <head>
    <meta charset="utf-8">
    <meta http-equiv="X-UA-Compatible" content="IE=edge">
    <title></title>
    <meta name="description" content="">
    <meta name="viewport" content="width=device-width, init
ial-scale=1">
    <!-- Coloca favicon.ico y apple-touch-icon(s) en el dir
ectorio raíz -->
    <link rel="stylesheet" href="/stylesheets/main.css">
  </head>
  <body>
    <!--[if lt IE 8]>
      <p class="browsehappy">
      Estás usando un navegador <strong>desactualizado</s
trong>.
      Por favor <a href="http://browsehappy.com/">actuali
za tu navegador</a>
      Para mejorar la experiencia..
```

```
        </p>
    <![endif]-->

    <p>Hola Mundo! Esto es HTML5 Boilerplate.</p>

    <!-- Google Analytics: Cambia UA-XXXXX-X por el ID de t
u sitio -->
    <script>
        (function(b,o,i,l,e,r){b.GoogleAnalyticsObject=l;b[
l]||(b[l]=
        function(){(b[l].q=b[l].q||[]).push(arguments)});b[
l].l=+new Date;
        e=o.createElement(i);r=o.getElementsByTagName(i)[0]
;
        e.src='//www.google-analytics.com/analytics.js';
        r.parentNode.insertBefore(e,r)}(window,document,'sc
ript','ga'));
        ga('create','UA-XXXXX-X','auto');ga('send','pagevie
w');
    </script>
  </body>
</html>
```

Esta será nuestra única página HTML completa que tendremos, ya
que el resto serán plantillas que se cargarán dinámicamente según el
estado de la aplicación o la interacción del usuario. Es lo que
actualmente se conoce como **Single Page Applications (SPA)**

3.2 Instalando dependencias

Vamos a instalar las librerías de *Frontend* que necesitamos con la
herramienta **Bower**. Antes de nada, necesitamos crear un archivo
`.bowerrc` en el directorio ráiz del proyecto con el siguiente
contenido:

```
{
  "directory": "app/lib"
}
```

Con esto conseguimos que cada librería que instalemos, quede guardada en el directorio `app/lib`. Si no tenemos este archivo, las librerías quedan instaladas en el directorio por defecto `bower_components` en el raíz.

Preparamos nuestro HTML e implementamos una nueva tarea de Gulp que nos van a solucionar la vida. Se trata de la tarea `gulp-inject` la cual va a tomar los ficheros que tengamos en las carpetas de estilos y scripts y los va a inyectar como enlaces en el HTML.

Añadimos al HTML los siguientes "tags" de comentarios donde irán los enlaces CSS y los scripts de JavaScript:

```html
<!doctype html>
<html lang="es-ES">
  <head>
    [...]
    <!-- bower:css -->
    <!-- endbower -->
    <!-- inject:css -->
    <!-- endinject -->
  </head>
  <body>
    [...]
    <!-- bower:js -->
    <!-- endbower -->
    <!-- inject:js -->
    <!-- endinject -->
  </body>
</html>
```

Las lineas como comentarios `<!-- inject:css -->` y

`<!-- inject:js -->` serán las que lean la tarea de Gulp que vamos a escribir a continuación que inyectará los archivos. Y las lineas como comentarios `<-- bower:css -->` y `<!-- bower:js -->` inyectarán las librerías que instalemos con Bower. Para implementar la tarea, primero debemos instalar los plugins requeridos:

```
$ npm install --save-dev gulp-inyect
$ npm install --save-dev wiredep
```

A continuación ya podemos insertar las siguientes tareas en el `Gulpfile.js` y actualizar `watch` y `default`:

```javascript
var inject  = require('gulp-inject');
var wiredep = require('wiredep').stream;

// Busca en las carpetas de estilos y javascript los archiv
os que hayamos creado
// para inyectarlos en el index.html
gulp.task('inject', function() {
  var sources = gulp.src(['./app/scripts/**/*.js','./app/st
ylesheets/**/*.css']);
  return gulp.src('index.html', {cwd: './app'})
    .pipe(inject(sources, {
      read: false,
      ignorePath: '/app'
    }))
    .pipe(gulp.dest('./app'));
});
// Inyecta las librerias que instalemos vía Bower
gulp.task('wiredep', function () {
  gulp.src('./app/index.html')
    .pipe(wiredep({
      directory: './app/lib'
    }))
    .pipe(gulp.dest('./app'));
});

gulp.task('watch', function() {
  [...]
  gulp.watch(['./app/stylesheets/**/*.styl'], ['css', 'inje
ct']);
  gulp.watch(['./app/scripts/**/*.js', './Gulpfile.js'], ['
jshint', 'inject']);
  gulp.watch(['./bower.json'], ['wiredep']);
});

gulp.task('default', ['server', 'inject', 'wiredep', 'watch
']);
```

Con Gulp ejecutándose en una ventana del terminal, ya podemos instalar desde otra las dependencias con Bower, por ejemplo, empezamos con las de angular y el framework css Bootstrap:

```
$ bower install --save angular
$ bower install --save bootstrap
```

Si abrimos `index.html` podemos ver que Gulp ha inyectado
automáticamente la librería de AngularJS y los ficheros
`main.css` y `main.js` que teníamos como estilos y los scripts
de Bootstrap también han sido inyectados:

```
<!doctype html>
<html lang="es-ES">
  <head>
    [...]
    <!-- bower:css -->
    <link rel="stylesheet" href="lib/bootstrap/dist/css/boo
tstrap.css" />
    <!-- endbower -->
    <!-- inject:css -->
    <link rel="stylesheet" href="/stylesheets/main.css">
    <!-- endinject -->
  </head>
  <body>
    [...]
    <!-- bower:js -->
    <script src="lib/jquery/dist/jquery.js"></script>
    <script src="lib/angular/angular.js"></script>
    <script src="lib/bootstrap/dist/js/bootstrap.js"></scri
pt>
    <!-- endbower -->
    <!-- inject:js -->
    <script src="/scripts/main.js"></script>
    <!-- endinject -->
  </body>
</html>
```

Si por cualquier motivo, no necesitamos hacer uso de alguna librería
de las que hemos instalado, las podemos eliminar con
`uninstall` como el siguiente ejemplo:

```
$ bower uninstall --save angular
```

3.3. Módulos de la aplicación

Todos los ficheros que contienen la funcionalidad de nuestra
aplicación, estarán dentro del directorio `app/scripts` .

Lo ideal en Angular es crear módulos para cada funcionalidad que
tengamos en la aplicación. Si la aplicación no es muy grande, como
será el caso del ejemplo de este libro, podemos reunir las
funcionalidades afines dentro de un mismo archivo y sólo separar
controladores, de servicios, directivas, etc... De esta manera
tendremos una aplicación escalable y mantenible.

El proyecto que vamos a realizar para este ejemplo será un blog, con
entradas y comentarios.

Los datos es ideal que los recibamos de una API RESTful que
devuelva los datos en formato JSON. El desarrollo del *Backend* se
escapa del ámbito de este libro, es por ello que vamos a utilizar el
proyecto JSONPlaceholder que proporciona una API de prueba para
testear y prototipar que devuelve JSONs de blogposts y comentarios.

las URLs de la API que vamos a emplear son:

URL	Method
/posts	POST
/posts	GET
/post:postId	GET
/comments	GET
/comments/:commentId	GET
/users	GET
/users/:userId	GET

A continuación vemos unos ejemplos de los datos en formato JSON que recibimos de la API:

GET /posts/1:

```
{
  "userId": 1,
  "id": 1,
  "title": "sunt aut facere repellat provident occaecati ex
cepturi optio reprehenderit",
  "body": "quia et suscipit\nsuscipit recusandae consequunt
ur expedita et cum\nreprehenderit molestiae ut ut quas tota
m\nnostrum rerum est autem sunt rem eveniet architecto"
}
```

GET /comments/1:

```
{
  "postId": 1,
  "id": 1,
  "name": "id labore ex et quam laborum",
  "email": "Eliseo@gardner.biz",
  "body": "laudantium enim quasi est quidem magnam voluptat
e ipsam eos\ntempora quo necessitatibus\ndolor quam autem q
uasi\nreiciendis et nam sapiente accusantium"
}
```

GET /users/1:

```
{
  "id": 1,
  "name": "Leanne Graham",
  "username": "Bret",
  "email": "Sincere@april.biz",
  "address": {
    "street": "Kulas Light",
    "suite": "Apt. 556",
    "city": "Gwenborough",
    "zipcode": "92998-3874",
    "geo": {
      "lat": "-37.3159",
      "lng": "81.1496"
    }
  },
  "phone": "1-770-736-8031 x56442",
  "website": "hildegard.org",
  "company": {
    "name": "Romaguera-Crona",
    "catchPhrase": "Multi-layered client-server neural-net"
,
    "bs": "harness real-time e-markets"
  }
}
```

3.3.1 Arquitectura

La estructura de archivos que vamos a utilizar dentro del directorio `app` será la siguiente:

```
app/
  ├── lib/
  ├── scripts/
  │     ├── services.js
  │     ├── controllers.js
  │     └── app.js
  ├── stylesheets/
  ├── views/
  │     ├── post-detail.tpl.html
  │     ├── post-list.tpl.html
  │     └── post-create.tpl.html
  │
  └── index.html
```

Vamos a instalar las siguientes librerías que vamos a necesitar, lo hacemos como siempre con Bower, con el "flag" `--save-dev` para que queden guardadas en el archivo `bower.json` y Gulp pueda ejecutar la tarea pertinente.

```
$ bower install --save angular-route
$ bower install --save angular-resource
```

`angular-route` nos permite hacer uso de la directiva `$routeProvider` para poder manejar URLs desde el navegador y mostrar una página u otra al usuario en función.

`angular-resource` por su parte, nos deja emplear la directiva `$resource` que nos permite manejar peticiones AJAX a recursos REST de una manera más sencilla y con una sintaxis más limpia, en lugar de usar las directivas `$http.get` o `$http.post`.

Para poder indicar al HTML que estamos usando una aplicación Angular, tenemos que poner el atributo `ng-app` en una parte de nuestro `index.html`, en este caso lo pondremos en la etiqueta `body` para que englobe toda la página. A esta aplicación la llamaremos "blog":

index.html

```
[...]
<body ng-app="blog">
  <div class="container-fluid">
    <div class="row">
      <aside class="col-sm-3">
        <a ng-href="/new">Crear Entrada</a>
      </aside>
      <section class="col-sm-9" ng-view></section>
    </div>
  </div>
[...]
```

En el ejemplo anterior además del atributo `ng-app="blog"` hemos añadido algo de maquetación usando clases de Bootstrap, como son `col-sm-3` y `col-sm-9` que nos permiten tener 2 columnas en la página, una de tamaño 3/12 que puede servir para la información sobre el autor del blog, y otra de tamaño 9/12 para el contenido y el listado de blogs.

Esta última columna a su vez lleva el atributo `ng-view` que le indica a la aplicación Angular `blog` que en ese espacio se cargarán las vistas parciales que manejaremos gracias al routing de `$routeProvider` más adelante.

3.3.2 Principal `scripts/app.js`

Empezamos con el primero de los scripts JS que darán funcionalidad a la aplicación, en este caso el principal `app/scripts/app.js`

En todos los ficheros JS, además de usar la anotación `use strict;` vamos a agruparlos por módulos de Angular y a su vez como *closures*. Esto nos ayuda a que las variables que usemos dentro de esa función solo queden definidas dentro de ella, y a la hora de minificar no aparezcan errores. El fichero comenzaría así:

```
(function () {
  'use strict';
  // Aquí irá la funcionalidad
})();
```

A continuación configuramos el módulo `blog` con la dependencia `ngRoute` que obtenemos de añadir la librería `angular-route`

```
(function () {
  'use strict';

  angular.module('blog', ['ngRoute']);

})();
```

Vamos a crear una función de configuración para indicarle a la aplicación que rutas escuchar en el navegador y que vistas parciales cargar en cada caso. Esto lo hacemos con la directiva `$routeProvider`.

```
function config ($locationProvider, $routeProvider) {
  $locationProvider.html5Mode(true);

  $routeProvider
    .when('/', {
      templateUrl: 'views/post-list.tpl.html',
      controller: 'PostListCtrl',
      controllerAs: 'postlist'
    })
    .when('/post/:postId', {
      templateUrl: 'views/post-detail.tpl.html',
      controller: 'PostDetailCtrl',
      controllerAs: 'postdetail'
    })
    .when('/new', {
      templateUrl: 'views/post-create.tpl.html',
      controller: 'PostCreateCtrl',
      controllerAs: 'postcreate'
    });
}
```

La línea `$locationProvider.html5Mode(true)` es
importante, ya que permite que las URLs no lleven el caracter `#` al
inicio de ellas, como utiliza por defecto Angular. Quedando así más
limpias.

Hemos añadido tres rutas, la raiz o principal `/` , la de detalle de un
blog post `post/:postId` y la del formulario para publicar una
nueva entrada. Cada una de ellas carga una vista parcial que vamos a
crear en unos momentos y estará almacenada en la carpeta
`app/views` . También cada vista tiene un controlador asociado
que serán los que manejen la funcionalidad asociada.

Estos serán `PostListCtrl` , para manejar la lista de post y
`PostDetailCtrl` para manejar un post concreto y
`PostCreateCtrl` . Todas ellas las declararemos en un fichero y

módulo aparte, `blog.controllers` , por lo que para poder hacer uso de ellas en este archivo, debemos incluirlo como dependencia al declarar el módulo, al igual que hicimos con `ngRoute` .

El atributo `controllerAs` nos permite usar variables del controlador dentro de la plantilla HTML sin necesidad de emplear la directiva `$scope`

```
(function () {
  'use strict';

  angular.module('blog', ['ngRoute', 'blog.controllers']);
  [...]
})
```

Para finalizar con este archivo, tan solo debemos asociar la función `config` creada al modulo:

```
angular
   .module('blog')
   .config(config);
```

El fichero `app/scripts/app.js` completo sería así:

```
(function () {
  'use strict';

  angular.module('blog', ['ngRoute', 'blog.controllers']);

  function config ($locationProvider, $routeProvider) {
    $locationProvider.html5Mode(true);

    $routeProvider
    .when('/', {
      templateUrl: 'views/post-list.tpl.html',
      controller: 'PostListCtrl',
      controllerAs: 'postlist'
    })
    .when('/post/:postId', {
      templateUrl: 'views/post-detail.tpl.html',
      controller: 'PostDetailCtrl',
      controllerAs: 'postdetail'
    })
    .when('/new', {
      templateUrl: 'views/post-create.tpl.html',
      controller: 'PostCreateCtrl',
      controllerAs: 'postcreate'
    });
  }

  angular
    .module('blog')
    .config(config);

})();
```

3.3.3 Servicios `scripts/services.js`

Antes de implementar las funciones de los controladores, vamos a
crear unos servicios con la directiva `$resource` que nos
permitirán hacer llamadas AJAX a la API de una manera más sencilla.
Vamos a crear tres factorías (así es como se llaman), una para los
Posts, otra para los **Comentarios** y otra para los **Usuarios**. Cada

una de ellas estará asociada a una URL de la API REST.

Al igual que en el anterior fichero, empezamos creando un closure, y el nombre del módulo (`blog.services`) al que le incluimos la dependencia `ngResource` contenida en la libreria `angular-resource` que nos permite emplear la directiva `$resource` :

```
(function () {
  'use strict';

  angular.module('blog.services', ['ngResource']);

})();
```

Después creamos 3 funciones, una para cada `factory` que apuntarán a una URL. la URL base del servidor se la pasaremos como constante.

```
function Post ($resource, BaseUrl) {
  return $resource(BaseUrl + '/posts/:postId', { postId:
'@_id' });
  }

function Comment ($resource, BaseUrl) {
  return $resource(BaseUrl + '/comments/:commentId', { co
mmentId: '@_id' });
  }

function User ($resource, BaseUrl) {
  return $resource(BaseUrl + '/users/:userId', { userId:
'@_id' });
  }
```

Asociamos estas factorías al módulo creado, y creamos también una constante `BaseUrl` que apunte a la URL de la API:

```
angular
    .module('blog.services')
    .constant('BaseUrl', 'http://jsonplaceholder.typicode.c
om')
    .factory('Post', Post)
    .factory('Comment', Comment)
    .factory('User', User);
```

El fichero `app/scripts/services.js` al completo sería:

```
(function () {
  'use strict';

  angular.module('blog.services', ['ngResource']);

  function Post ($resource, BaseUrl) {
    return $resource(BaseUrl + '/posts/:postId',
      { postId: '@_id' });
  }

  function Comment ($resource, BaseUrl) {
    return $resource(BaseUrl + '/comments/:commentId',
      { commentId: '@_id' });
  }

  function User ($resource, BaseUrl) {
    return $resource(BaseUrl + '/users/:userId',
      { userId: '@_id' });
  }

  angular
    .module('blog.services')
    .constant('BaseUrl', 'http://jsonplaceholder.typicode.c
om')
    .factory('Post', Post)
    .factory('Comment', Comment)
    .factory('User', User);

})();
```

3.3.4 Controladores `scripts/controllers.js`

Con los servicios ya creados podemos dar paso a implementar los controladores de las vistas parciales y por tanto de la aplicación. Como siempre, creamos un módulo de angular, en este caso `blog.controllers` , con la dependencia de `blog.services` y lo incluimos dentro de un *closure*:

```
(function () {
  'use strict';

  angular.module('blog.controllers', ['blog.services']);

})();
```

El primer controlador `PostListCtrl` es el más sencillo de todos, la función sería así:

```
function PostListCtrl (Post) {
    this.posts = Post.query();
  }
```

Sencillamente hacemos una llamada AJAX a la URl `http://jsonplaceholder.typicode.com/posts` y que nos devuelva el resultado dentro de la variable `posts` . Eso lo conseguimos con el servicio `Post` .

Ahora pasamos al controlador de la vista detalle, `PostDetailCtrl` . Si tan solo queremos ver el contenido de un post en concreto y sus comentarios, le pasamos el id del post que queremos mostrar que nos proporciona la ruta del navegador a través de `$routeParams` la función sería así:

```
function PostDetailCtrl ($routeParams, Post, Comment) {
  this.post = Post.query({ id: $routeParams.postId });
  this.comments = Comment.query({ postId: $routeParams.post
Id });
}
```

Pero, si queremos ver los comentarios asociados a ese post, ¿Cómo lo hacemos?. lo primero en lo que piensas es algo así:

```
function PostDetailCtrl ($routeParams, Post, Comment, User)
 {
  this.post = Post.query({ id: $routeParams.postId });
  this.comments = Comment.query({ postId: $routeParams.post
Id });
  this.user = User.query({ id: this.post.userId });
}
```

Pero nuestro amigo JavaScript no es secuencial, es asíncrono, y cuando ejecutamos la 3a línea, `this.post` aún no tiene nada y nos da error porque en ese momento `this.post.userId` es `undefined` . ¿Cómo lo solucionamos? A través de la directiva `$promise` y en una función de callback:

```
function PostDetailCtrl ($routeParams, Post, Comment) {
  this.post = {};
  this.comments = {};
  this.user = {}

  var self = this; // Para guardar la referencia

  Post.query({ id: $routeParams.postId })
    .$promise.then(
      //Success
      function (data) {
        self.post = data[0];
        self.user = User.query({ id: self.user.userId });
      }
      //Error
      function (error) {
        console.log(error);
      }
    );

  this.comments = Comment.query({ postId: $routeParams.post
Id });
}
```

De esta manera, sólo cuando tenemos los datos relativos al post,
podemos acceder a ellos para hacer mas consultas, como en este caso,
los datos de un usuario relacionado con el post.

El siguiente controlador es el que permite crear una nueva entrada:

```
function PostCreateCtrl (Post) {
    var self = this;

    this.create = function() {
      Post.save(self.post);
    };
  }
```

Gracias al recurso `Post` podemos hacer uso del método
`save()` que se encarga de realizar una petición POST a la API

que estamos manejando. Como la API que empleamos es *fake* el POST no se llega a almacenar, pero en una API real si ocurriría.

Añadimos las funciones creadas al módulo `blog.controllers` y ya podemos usar las variables `this.posts`, `this.post`, `this.comments` y `this.user` en nuestras vistas parciales, así como recoger los datos que se envían en el formulario de creación de entradas. Lo siguiente que haremos será crear las vistas parciales o plantillas.

3.3.5 Vistas parciales

views/post-list.tpl.html

Esta será la vista que muestre la lista de post que nos devuelve la API. Esta manejada por el controlador `PostListCtrl` que si recordamos, tenía en su interior la variable `this.posts` donde están almacenados todos. Para acceder a esa variable desde el HTML tan solo debemos indicar el "alias" que pusimos al controlador en la función `config` de `app/scripts/app.js` que fue `postlist` y ahí acceder con notación "punto" al atributo `posts` con `postlist.posts`.

Como es un array de elementos, podemos iterar sobre ellos y para ello usar la directiva `ng-repeat` de Angular de la siguiente manera:

```
<ul class="blog-post-list">
    <li class="blog-post-link" ng-repeat="post in postlist
.posts">
        <a ng-href="/post/{{ post.id }}">{{ post.title }}</a
>
    </li>
</ul>
```

El código anterior recorre el array de post, y para cada uno de ellos,
pinta un elemento `<li>` en el HTML, con un enlace que apunta al
id del post con `post.id` y el titulo del post con `post.title`

Si en un navegador accedemos a `http://localhost:8080`
veríamos una lista de títulos, todos ellos devueltos a través de la API
que nos proporciona
`http://jsonplaceholder.com/posts`

Le hemos añadido también a las etiquetas HTML clases para poder
utilizarlas después en los ficheros CSS para darles estilo.

views/post-detail.tpl.html

Ahora vamos a crear la vista detalle de un post en concreto, donde
emplearemos las variables `post`, `comments` y `user` que
utiliza el controlador `PostDetailCtrl` a través del alias
`postdetail`.

Primero maquetamos el `<article>` donde colocaremos el
contenido del post y el usuario que lo ha escrito, los cuales están
almacenados en las variables `postdetail.post` y
`postdetail.user`:

```
<article class="blog-post">
  <header class="blog-post-header">
    <h1>{{ postdetail.post.title }}</h1>
  </header>
  <p class="blog-post-body">
    {{ postdetail.post.body }}
  </p>
  <p>
    Escrito por: <strong>{{ postdetail.user[0].name }}</str
ong>
      <span class="fa fa-mail"></span> {{ postdetail.user[0
].email }}
  </p>
</article>
```

y a continuación el elemento `<aside>` donde estarán la lista de comentarios asociados, almacenados en la variable `postdetail.comments`. Como es un array de elementos, podemos hacer uso de la directiva `ng-repeat` como en la lista de post, para mostrarlos en la vista:

```
<aside class="comments">
  <header class="comments-header">
    <h3>
      <span class="fa fa-comments"></span>
      Commentarios
    </h3>
  </header>
  <ul class="comments-list">
    <li class="comment-item" ng-repeat="comment in postdeta
il.comments">
      <span class="fa fa-user"></span>
      <span class="comment-author">{{ comment.email }}</spa
n>
      <p class="comment-body">
        {{ comment.body }}
      </p>
    </li>
  </ul>
</aside>
```

views/post-create.tpl.html

Esta será la vista que veamos cuando pulsemos en el enlace `Crear Entrada` , simplemente un formulario con los campos para introducir el título del post y su contenido:

```
<section>
  <form name="createPost" role="form" ng-submit="postcreate
.create()">

    <fieldset class="form-group">
      <input class="form-control input-lg"
             type="text"
             placeholder="Título del Post"
             ng-model="postcreate.post.title">
    </fieldset>
    <fieldset class="form-group">
      <textarea class="form-control input-lg"
             placeholder="Texto del Post"
             ng-model="postcreate.post.text"></textarea>
    </fieldset>
    <hr>

    <button class="btn btn-primary btn-lg"
             type="submit" ng-disabled="!createPost.$valid">
      <span class="fa fa-rocket"> Publicar</span>
    </button>

  </form>
</section>
```

Las clases utilizadas son de Bootstrap y las usamos para dar estilo al ejemplo.

Si nos fijamos, tanto el `input` como el `textarea` tienen un atributo `ng-model` . Esto nos sirve para que Angular, a través del controlador que hemos definido anteriormente para este formulario, pueda recoger estos datos y nosotros enviárselos a la API. Estarán comprendidos dentro del objeto `this.post`

Otra cosa importante que hemos hecho es inhabilitar el botón de "Publicar" hasta que el formulario esté rellenado, eso lo conseguimos con el atributo `ng-disabled="!createPost.$valid"` siendo `createPost` el `name` que le hemos puesto al formulario.

El procesamiento de este formulario se hace a través de la función `this.create()` del `PostCreateCtrl` que llamamos desde el atributo `ng-submit`.

Con esto finalizaríamos la maquetación y funcionalidad de esta aplicación de ejemplo con AngularJS, usando factorías como modelo para obtener los datos de una API externa. Ahora es momento de añadir unas gotas de estilo CSS (usando **Stylus**) para rematar nuestra app.

IV. Diseño con preprocesadores CSS

Aunque puedes diseñar un sitio con CSS completamente desde cero, para este ejemplo hemos partido de uno de los frameworks más conocidos, Bootstrap que como su nombre indica, sirve para empezar rápido, tener un diseño de grilla (columnas) y algunos elementos predefinidos con un estilo agradable.

Aparte de usar Bootstrap, puedes darle estilo a elementos de tu web con CSS, o utilizar un preprocesador como pueden ser **Less, Sass** o **Stylus** que te faciliten el diseño, usando variables, funciones, etc. En nuestro caso vamos a usar Stylus, que usa una sintaxis muy parecida a Python, basada en tabulaciones, no se utilizan llaves, ni `:` , ni `;`

Stylus funciona con Node.js. Para hacerlo correr debemos instalarlo de manera global en nuestro equipo con `npm` :

```
$ npm install -g stylus
```

Los archivos `.styl` los vamos a guardar en `app/stylesheets` y la tarea de Gulp que configuramos en el capitulo 2, directamente los compilará a CSS y veremos los cambios reflejados en el navegador en tiempo real.

4.1 Fontawesome

Fontawesome es una librería CSS de iconos tipo fuente, ideal para usar en todo tipo de resoluciones, dado que las fuentes son vectoriales y no se *pixelan*. Para usarla en nuestra aplicación la podemos instalar vía bower

```
$ bower install --save fontawesome
```

Y a partir de ahora cuando queramos emplear un icono en nuestros HTML tan solo debemos poner la siguiente clase a un elemento `<span>`

```
<span class="fa fa-nombreDeIcono"></span>
```

En este ejemplo hemos usado varios en la plantilla `app/views/post-detail.tpl.html` como:

```
<span class="fa fa-mail"></span> {{ postdetail.user[0].
email }}
```

para mostrar un icono de un sobre que simbolice el correo electrónico, o:

```
<span class="fa fa-comments"></span>
```

para mostrar unos globos de texto para simbolizar los comentarios, o por último:

```
<span class="fa fa-user"></span>
```

para simbolizar un icono de usuario.

Tienes una lista completa de todos los que se pueden usar en su documentación

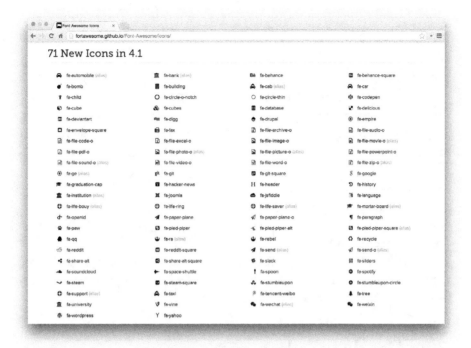

4.2 Fuentes Tipográficas

El navegador por defecto incluye una serie de fuentes, pero nosotros podemos usar otras si queremos con solo añadirlas al CSS. Google Webfonts. En mi caso he elegido la tipografía `Raleway` para emplearla en este ejemplo.

He creado un archivo 'fonts.styl' donde he añadido el siguiente código:

```
@font-face
  font-family 'Raleway-Light'
  font-style normal
  font-weight 300
  src local('Raleway Light'), local('Raleway-Light'), url('
//themes.googleusercontent.com/static/fonts/raleway/v7/-_Ct
zj9b56b8RgXW8FArib3hpw3pgy2gAi-Ip7WPMi0.woff') format('woff
');

@font-face
  font-family 'Raleway'
  font-style normal
  font-weight 400
  src local('Raleway'), url('//themes.googleusercontent.com
/static/fonts/raleway/v7/cIFypx4yrWPDz3zOxk7hIQLUuEpTyoUstq
Em5AMlJo4.woff') format('woff');
```

4.3 Estilos de la aplicación

Para poder enlazar este archivo con el principal, que es
`main.styl` y el que indicamos a Gulp que procese, lo hacemos
con `@import` . Y para poder emplearla, se la asignamos al atributo
`font-family` de `body` , de esta manera:

```
@import 'fonts'
body
  font-family 'Raleway-Light'
  font-size 16px
```

Ahora nuestra aplicación tendrá un estilo de fuente diferente. Vamos
a editar un poco el estilo de la lista de posts:

```
.blog-post-list
  list-style-type none

  .blog-post-link
    font-family 'Raleway'
    margin .5em 0 1em 0
    padding 0 0 .25em 0
    border-bottom 1px solid b_silver
```

Y ahora el titulo del post en la vista detalle:

```
.blog-post
  .blog-post-header
    h1
      font-family 'Raleway'
```

Y los comentarios:

```
.comments

  .comments-list
    list-style-type none

    .comment-item
      border 1px solid b_silver
      border-radius 5px
      padding .5em
      margin .5em

      .comment-author
        font-family 'Raleway'
        font-weight bold

      .comment-body
        font-style italic
```

Si nos fijamos, hemos indicado que el color del borde de la caja del comentario sea `b_silver`, y ese color no existe en el HTML/CSS estándar. Lo vamos a añadir como una variable en Stylus y así poder reutilizarlo más adelante si queremos:

```
b_silver =  #ddd
```

el fichero `main.styl` completo quedaría así:

```
@import 'fonts'

b_silver = #ddd

body
  font-family 'Raleway-Light'
  font-size 16px

.blog-post-list
  list-style-type none

  .blog-post-link
    font-family 'Raleway'
    margin .5em 0 1em 0
    padding 0 0 .25em 0
    border-bottom 1px solid b_silver

.blog-post

  .blog-post-header
    h1
      font-family 'Raleway'

.comments

  .comments-list
    list-style-type none

    .comment-item
      border 1px solid b_silver
      border-radius 5px
      padding .5em
      margin .5em

      .comment-author
        font-family 'Raleway'
        font-weight bold

      .comment-body
        font-style italic
```

Y así es como quedaría nuestra app, si ejecutamos `Gulp` en la terminal y abrimos el navegador en la URL `http://localhost:8080`:

Lista de Posts

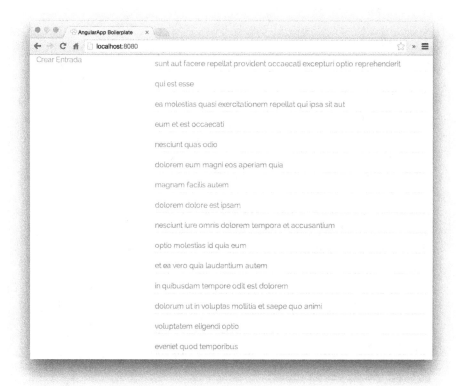

Detalle de Post

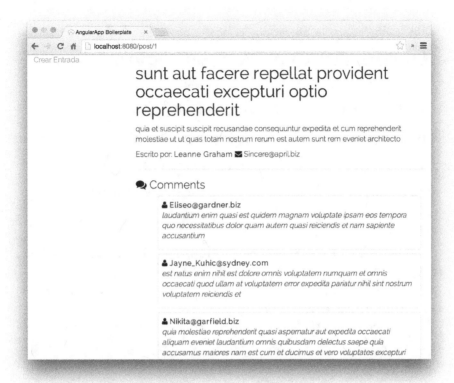

Creación de una nueva entrada

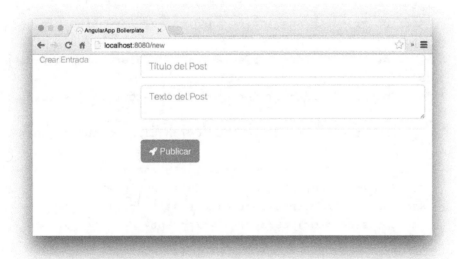

V. Optimizando para producción

Ya tenemos nuestra aplicación funcionando, pero tiene varios archivos CSS con partes de Bootstrap que quizá ni lleguemos a usar; demasiados archivos JavaScript, que suponen varias peticiones al servidor y hacen que nuestra página tarde más en cargar:

```
[...]
  <link rel="stylesheet" href="lib/bootstrap/dist/css/boot
strap.css" />
  <link rel="stylesheet" href="lib/angular-motion/dist/ang
ular-motion.min.css" />
  <link rel="stylesheet" href="lib/fontawesome/css/font-aw
esome.css" />
  [...]
  <script src="lib/jquery/dist/jquery.js"></script>
  <script src="lib/angular/angular.js"></script>
  <script src="lib/bootstrap/dist/js/bootstrap.js"></scrip
t>
  <script src="lib/angular-animate/angular-animate.js"></s
cript>
  <script src="lib/angular-strap/dist/angular-strap.min.js
"></script>
  <script src="lib/angular-strap/dist/angular-strap.tpl.mi
n.js"></script>
  <script src="lib/angular-route/angular-route.js"></scrip
t>
  <script src="lib/angular-resource/angular-resource.js"><
/script>
  <script src="/scripts/templates.js"></script>
  <script src="/scripts/services.js"></script>
  <script src="/scripts/controllers.js"></script>
  <script src="/scripts/app.js"></script>
  [...]
```

Lo ideal es que nuestro HTML solo tenga un fichero CSS al que llamar, y también un solo JS. Debemos concatenarlos en uno solo y si es posible minificarlos (eliminando espacios en blanco) para que el fichero pese menos y su carga sea más rápida.

Hacerlo a mano es una tarea bastante tediosa y poco productiva, para eso tenemos automatizadores de tareas como Gulp para que lo hagan por nosotros.

Vamos a instalar unos plugins de Gulp que nos ayudarán en estas tareas, lo hacemos vía `npm` :

```
$ npm install --save-dev gulp-minify-css
$ npm install --save-dev gulp-angular-templatecache
$ npm install --save-dev gulp-uncss
$ npm install --save-dev gulp-if
```

A continuación detallamos que hace cada plugin y en que tareas dentro del `Gulpfile.js` vamos a implementarlos.

5.1 Cacheado de plantillas

La primera tarea que vamos a implementar es el cacheado de plantillas HTML, como módulo de AngularJS, gracias al plugin `gulp-angular-templatecache` , añadiendo lo siguiente a nuestro `Gulpfile.js` :

```
var templateCache = require('gulp-angular-templatecache');

gulp.task('templates', function() {
  gulp.src('./app/views/**/*.tpl.html')
    .pipe(templateCache({
      root: 'views/',
      module: 'blog.templates',
      standalone: true
    }))
    .pipe(gulp.dest('./app/scripts'));
});
```

Esta tarea crea un archivo `templates.js` en el directorio `app/scripts/` con el contenido de las plantillas HTML cacheado como String para usarlo como dependencia en la aplicación. Para ello necesitamos incluir el nuevo módulo creado en el fichero principal, que es el que usa las vistas, el `app/scripts/app.js` :

```
angular.module('blog', ['ngRoute', 'blog.controllers', 'blog.templates']);
```

Con esto aún no hemos minificado nada, tan solo hemos creado un nuevo fichero JavaScript que contiene las plantillas HTML, así nos ahorramos más llamadas.

5.2 Concatenación de ficheros JS y CSS

Ahora empezamos a concatenar y minificar, y lo vamos a hacer directamente en el HTML y con una tarea de Gulp. Tomamos nuestro `index.html` y le vamos a añadir los siguientes comentarios:

`<!-- build:css css/style.min.css -->` entre los enlaces a los ficheros CSS para concatenarlos y minificarlos, y

`<!-- build:js js/app.min.js -->`

`<!-- build:js js/vendor.min.js -->` y para hacer lo mismo pero con los JS:

```
[...]
<!-- build:css css/style.min.css -->
<!-- bower:css -->
<link rel="stylesheet" href="lib/bootstrap/dist/css/bootstrap.css" />
<link rel="stylesheet" href="lib/angular-motion/dist/angular-motion.min.css" />
<link rel="stylesheet" href="lib/fontawesome/css/font-awesome.css" />
<!-- endbower -->
<!-- inject:css -->
<link rel="stylesheet" href="/stylesheets/main.css">
<!-- endinject -->
<!-- endbuild -->
[...]
<!-- build:js js/vendor.min.js -->
<!-- bower:js -->
<script src="lib/jquery/dist/jquery.js"></script>
<script src="lib/angular/angular.js"></script>
<script src="lib/bootstrap/dist/js/bootstrap.js"></script>
<script src="lib/angular-animate/angular-animate.js"></script>
<script src="lib/angular-strap/dist/angular-strap.min.js"></script>
<script src="lib/angular-strap/dist/angular-strap.tpl.min.js"></script>
<script src="lib/angular-route/angular-route.js"></script>
<script src="lib/angular-resource/angular-resource.js"></script>
<!-- endbower -->
<!-- endbuild -->
<!-- build:js js/app.min.js -->
<!-- inject:js -->
<script src="/scripts/templates.js"></script>
<script src="/scripts/services.js"></script>
<script src="/scripts/controllers.js"></script>
<script src="/scripts/app.js"></script>
<!-- endinject -->
<!-- endbuild -->
[...]
```

Esto lo acompañamos de la siguiente tarea en el `Gulpfile.js` :

```
var gulpif    = require('gulp-if');
var minifyCss = require('gulp-minify-css');
var useref    = require('gulp-useref');
var uglify    = require('gulp-uglify');

gulp.task('compress', function() {
  gulp.src('./app/index.html')
    .pipe(useref.assets())
    .pipe(gulpif('*.js', uglify({mangle: false })))
    .pipe(gulpif('*.css', minifyCss()))
    .pipe(gulp.dest('./dist'));
});
```

Esta tarea archivos enlazados en el `index.html` los depositará en el nuevo directorio para producción que será `/dist` , ya minificados.

En este directorio también necesitamos el `index.html` pero sin los comentarios y con los enlaces a los nuevos ficheros minificados. Eso lo conseguimos con la siguiente tarea:

```
gulp.task('copy', function() {
  gulp.src('./app/index.html')
    .pipe(useref())
    .pipe(gulp.dest('./dist'));
  gulp.src('./app/lib/fontawesome/fonts/**')
    .pipe(gulp.dest('./dist/fonts'));
});
```

Esta tarea además copia los ficheros de fuentes que usamos en la libreria fontawesome.

Ahora englobamos todas estas tareas dentro de una nueva que llamaremos `build` y que ejecutaremos cuando queramos tener nuestro código listo para producción:

```
gulp.task('build', ['templates', 'compress', 'copy']);
```

En el directorio `/dist` tendremos los siguientes archivos con esta estructura:

```
/dist
  ├─ /js
  │    ├─ vendor.min.js
  │    └─ app.min.js
  ├─ /css
  │    └─ styles.min.css
  └─ index.html
```

Siendo los archivos de las carpetas `/js` y `/css` archivos minificados para que ocupen lo mínimo posible.

5.3 Servidor de archivos de producción

Para probar que tenemos todo bien, vamos a crear una nueva tarea en Gulp que nos permita servir los archivos del directorio `/dist` como hacemos con la versión de desarrollo:

```
gulp.task('server-dist', function() {
  connect.server({
    root: './dist',
    hostname: '0.0.0.0',
    port: 8080,
    livereload: true,
    middleware: function(connect, opt) {
      return [ historyApiFallback ];
    }
  });
});
```

Por tanto, para probar nuestra aplicación en versión de producción antes de subirla a cualquier servidor, debemos ejecutar lo siguiente en nuestra terminal:

```
$ gulp build
$ gulp server-dist
```

Y dirigirnos a nuestro navegador a la URL `http://localhost:8080`. Aquí veremos la misma aplicación ejecutándose, pero en este caso el `index.html` solo tiene un enlace a un fichero `.css` y un par de enlaces a ficheros `.js`, que son el de las librerías y el de la aplicación. Todos ellos minificados, reduciendo así el número de peticiones HTTP y al tener menor peso, su carga es más rápida.

5.4 Reducción de código CSS

Si nos fijamos en las herramientas de desarrollo del navegador, en concreto la pestaña de Red, podemos ver las peticiones que hace nuestra aplicación a los archivos que enlaza. Nos damos cuenta de que el archivo `styles.min.css` ocupa **146 Kb**.

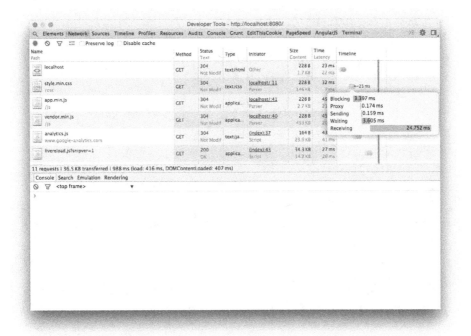

No es mucho, pero si tenemos en cuenta que en ese archivo están
incluidas todas las clases de Bootstrap y también todas las clases de
Fontawesome y no usamos todas ellas. ¿Hay alguna manera de
prescindir de las clases que no utilizamos? Si, con un plugin de Gulp
llamado `gulp-uncss` . Nos permite indicar que fichero CSS
queremos editar, los ficheros HTML en los que debe fijarse para
remover el CSS no utilizado y ya tenemos listo nuestro CSS
ultrareducido. Instalamos el plugin:

```
$ npm install --save-dev gulp-uncss
```

E implementamos la tarea:

```
var uncss = require('gulp-uncss');

gulp.task('uncss', function() {
  gulp.src('./dist/css/style.min.css')
    .pipe(uncss({
       html: ['./app/index.html', './app/views/post-detail.t
pl.html', './app/views/post-list.tpl.html']
    }))
    .pipe(gulp.dest('./dist/css'));
});

gulp.task('build', ['templates', 'compress', 'copy', 'uncss
']);
```

Volvemos a ejecutar `gulp-build` y `gulp server-dist`, y al fijarnos en la pestaña de red tenemos lo siguiente:

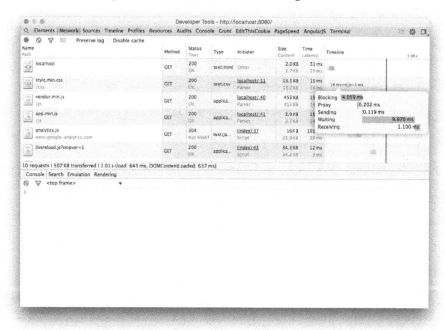

Ahora `styles.min.css` ocupa solamente **13.5 Kb** lo que permite que sea más rápida su carga.

5.5 Gulpfile al completo

Para terminar, este sería el código completo del fichero
`Gulpfile.js` :

```javascript
// File: Gulpfile.js
'use strict';

var gulp     = require('gulp'),
    connect  = require('gulp-connect'),
    stylus   = require('gulp-stylus'),
    nib      = require('nib'),
    jshint   = require('gulp-jshint'),
    stylish  = require('jshint-stylish'),
    inject   = require('gulp-inject'),
    wiredep  = require('wiredep').stream,
    gulpif   = require('gulp-if'),
    minifyCss = require('gulp-minify-css'),
    useref   = require('gulp-useref'),
    uglify   = require('gulp-uglify'),
    uncss    = require('gulp-uncss'),
    angularFilesort = require('gulp-angular-filesort'),
    templateCache = require('gulp-angular-templatecache'),
    historyApiFallback = require('connect-history-api-fallb
ack');

// Servidor web de desarrollo
gulp.task('server', function() {
  connect.server({
    root: './app',
    hostname: '0.0.0.0',
    port: 8080,
    livereload: true,
    middleware: function(connect, opt) {
      return [ historyApiFallback ];
    }
  });
});

// Servidor web para probar el entorno de producción
gulp.task('server-dist', function() {
  connect.server({
    root: './dist',
    hostname: '0.0.0.0',
```

```
      port: 8080,
      livereload: true,
      middleware: function(connect, opt) {
        return [ historyApiFallback ];
      }
    });
});

// Busca errores en el JS y nos los muestra en el terminal
gulp.task('jshint', function() {
  return gulp.src('./app/scripts/**/*.js')
    .pipe(jshint('.jshintrc'))
    .pipe(jshint.reporter('jshint-stylish'))
    .pipe(jshint.reporter('fail'));
});

// Preprocesa archivos Stylus a CSS y recarga los cambios
gulp.task('css', function() {
  gulp.src('./app/stylesheets/main.styl')
    .pipe(stylus({ use: nib() }))
    .pipe(gulp.dest('./app/stylesheets'))
    .pipe(connect.reload());
});

// Recarga el navegador cuando hay cambios en el HTML
gulp.task('html', function() {
  gulp.src('./app/**/*.html')
    .pipe()
    .pipe(connect.reload());
});

// Busca en las carpetas de estilos y javascript los archiv
os
// para inyectarlos en el index.html
gulp.task('inject', function() {
  return gulp.src('index.html', {cwd: './app'})
    .pipe(inject(
      gulp.src(['./app/scripts/**/*.js']).pipe(angularFiles
ort()), {
      read: false,
      ignorePath: '/app'
    }))
    .pipe(inject(
```

```javascript
    gulp.src(['./app/stylesheets/**/*.css']), {
        read: false,
        ignorePath: '/app'
      }
    ))
    .pipe(gulp.dest('./app'));
});

// Inyecta las librerias que instalemos vía Bower
gulp.task('wiredep', function () {
  gulp.src('./app/index.html')
    .pipe(wiredep({
      directory: './app/lib'
    }))
    .pipe(gulp.dest('./app'));
});

// Compila las plantillas HTML parciales a JavaScript
// para ser inyectadas por AngularJS y minificar el código
gulp.task('templates', function() {
  gulp.src('./app/views/**/*.tpl.html')
    .pipe(templateCache({
      root: 'views/',
      module: 'blog.templates',
      standalone: true
    }))
    .pipe(gulp.dest('./app/scripts'));
});

// Comprime los archivos CSS y JS enlazados en el index.html
// y los minifica.
gulp.task('compress', function() {
  gulp.src('./app/index.html')
    .pipe(useref.assets())
    .pipe(gulpif('*.js', uglify({mangle: false })))
    .pipe(gulpif('*.css', minifyCss()))
    .pipe(gulp.dest('./dist'));
});

// Elimina el CSS que no es utilizado para reducir el peso
del archivo
gulp.task('uncss', function() {
```

```
    gulp.src('./dist/css/style.min.css')
      .pipe(uncss({
        html: ['./app/index.html', './app/views/post-list.tpl
.html', './app/views/post-detail.tpl.html']
      }))
      .pipe(gulp.dest('./dist/css'));
});

// Copia el contenido de los estáticos e index.html al dire
ctorio
// de producción sin tags de comentarios
gulp.task('copy', function() {
  gulp.src('./app/index.html')
    .pipe(useref())
    .pipe(gulp.dest('./dist'));
  gulp.src('./app/lib/fontawesome/fonts/**')
    .pipe(gulp.dest('./dist/fonts'));
});

// Vigila cambios que se produzcan en el código
// y lanza las tareas relacionadas
gulp.task('watch', function() {
  gulp.watch(['./app/**/*.html'], ['html', 'templates']);
  gulp.watch(['./app/stylesheets/**/*.styl'], ['css', 'inje
ct']);
  gulp.watch(['./app/scripts/**/*.js', './Gulpfile.js'], ['
jshint', 'inject']);
  gulp.watch(['./bower.json'], ['wiredep']);
});

gulp.task('default', ['server', 'templates', 'inject', 'wir
edep', 'watch']);
gulp.task('build', ['templates', 'compress', 'copy', 'uncss
']);
```

Cómo podéis haber visto a lo largo del desarrollo de esta aplicación
web de ejemplo, hemos programado de una manera ágil sin tener que
recargar constantemente el navegador para ver los cambios y
olvidándonos de hacer tareas repetivas dejándole esa labor a *Gulp*.
También hemos usado un preprocesador de CSS que en caso de que

nuestro proyecto web fuese más extenso, nos ayudaría a mantener el diseño de una manera modular, mantenible y escalable. Al igual que Angular.js, el framework *Modelo-Vista-Controlador* para la parte *Frontend* que hemos utilizado. Angular es mucho más y su curva de aprendizaje tiene muchos altibajos, pero creo que lo visto en este ejemplo nos sirve para empezar a desarrollar aplicaciones más complejas de una manera escalable.

Te invito a que sigas investigando y usando Angular en tus proyectos. Descubrirás cada día una nueva forma de usarlo. Eso es lo que lo hace tan potente.

Espero que este libro te haya servido y hayas aprendido algo nuevo. Puedes contactar conmigo en las redes sociales y comentarme que te ha parecido, cualquier *feedback* es bien recibido:

- twitter.com/carlosazaustre
- github.com/carlosazaustre
- google.com/+CarlosAzaustre
- facebook.com/carlosazaustre.web
- linkedin.com/in/carlosazaustre

!Hasta el próximo libro!